BEI GRIN MACHT SICH
WISSEN BEZAHLT

- Wir veröffentlichen Ihre Hausarbeit,
  Bachelor- und Masterarbeit

- Ihr eigenes eBook und Buch -
  weltweit in allen wichtigen Shops

- Verdienen Sie an jedem Verkauf

Jetzt bei www.GRIN.com hochladen
und kostenlos publizieren

Dennis Graja

Cloud Computing im IT-Controlling

GRIN Verlag

Bibliografische Information der Deutschen Nationalbibliothek:

Die Deutsche Bibliothek verzeichnet diese Publikation in der Deutschen National-
bibliografie; detaillierte bibliografische Daten sind im Internet über http://dnb.d-
nb.de/ abrufbar.

Impressum:

Copyright © 2012 GRIN Verlag GmbH
Druck und Bindung: Books on Demand GmbH, Norderstedt Germany
ISBN: 978-3-656-29617-1

Dieses Buch bei GRIN:

http://www.grin.com/de/e-book/200013/cloud-computing-im-it-controlling

GRIN - Your knowledge has value

Der GRIN Verlag publiziert seit 1998 wissenschaftliche Arbeiten von Studenten, Hochschullehrern und anderen Akademikern als eBook und gedrucktes Buch. Die Verlagswebsite www.grin.com ist die ideale Plattform zur Veröffentlichung von Hausarbeiten, Abschlussarbeiten, wissenschaftlichen Aufsätzen, Dissertationen und Fachbüchern.

Besuchen Sie uns im Internet:

http://www.grin.com/

http://www.facebook.com/grincom

http://www.twitter.com/grin_com

Hochschule Bochum
Bochum University
of Applied Sciences

BO

Cloud Computing im IT-Controlling

Bachelorarbeit

im Fachgebiet Betriebsinformatik

Verfasser: Dennis Graja

Studienrichtung: Wirtschaftswissenschaften

Abgabedatum: 16.07.2012

Inhaltsverzeichnis

Abbildungsverzeichnis

Abkürzungsverzeichnis

ADV	Automatisierte Datenverarbeitung
AGB	Allgemeine Geschäftsbedingungen
BDSG	Bundesdatenschutzgesetz
BGB	Bürgerliches Gesetzbuch
CEO	Chief Executiv Officer
CRM	Customer Relationship Management
DV	Datenverarbeitung
EDV	Elektronische Datenverarbeitung
ERP	Enterprise Resource Planning
IaaS	Infrastructure as a Service
ICC	Internationale Handelskammer
ISO	International Organisation for Standardization
IT	Informationstechnologie
IV	Informationsverarbeitung
PaaS	Platform as a Service
ROI	Return On Investment
SaaS	Software as a Service
TCO	Total Cost of Ownership
VPN	Virtual Private Network

1. Einführung

1.1 Problemstellung

Die heutigen Staaten, Unternehmen und Menschen leben in einem dynamischen Zeitalter. Die Welt verändert sich zunehmend immer schneller und somit verändern sich auch die Anforderungen an die Gesellschaft. Nach einer Analyse des Bundesverbandes Informationswirtschaft, Telekommunikation und neue Medien e.V. wurden im Jahr 2011 in Deutschland schätzungsweise 13,4 Millionen Computer verkauft.[1] "Rund 80 Prozent aller Haushalte in Deutschland verfügen über einen Computer…. . Mehr als jeder dritte Befragte stuft seinen Kenntnisstand im Bereich Computer als fortgeschritten ein."[2] Aber auch die Unternehmen sind von der schnellen Veränderung durch den IT-Bereich betroffen. Wo sich vor 10 Jahren noch Personalcomputer für einfache Office Anwendungen befanden, sind heute hochmoderne Computer und Serversysteme installiert, die das Unternehmen intern und extern miteinander vernetzen. Es ist bereits möglich, alle Vorgänge in einem Unternehmen durch "Realtime-Analytics" in Echtzeit zu verfolgen. Die externe Vernetzung geht allerdings bereits so weit, dass die Unternehmen anfangen, ihre Daten und Software über das Internet in die Cloud an Dritte auszulagern. Das IT-Controlling muss dabei unter anderem sicherstellen, dass die technische Basis hierfür zur Verfügung steht und die Rahmenbedingungen erfüllt werden. Dieses Outsourcing von Informationen bringt allerdings nicht nur neue Möglichkeiten mit sich, sondern auch Herausforderungen wie z.B. die Datensicherheit und das Anvertrauen von sensiblen Informationen an den Outsourcing Partner. Im Jahre 2010 erfasste die Polizei 84.377 Fälle von Internetkriminalität.[3] Der weltweite Schaden durch Produktpiraterie wird sich nach einer Studie der ICC bis zum Jahr 2015 zu 1,7 Billionen USD aufsummieren.[4]

---

[1]Vgl. (http://de.statista.com/statistik/daten/studie/38793/umfrage/verkauf-von-pcs-in-deutschland/. [Stand:11.06.2012])

[2] (http://de.statista.com/themen/159/computer/.[Stand:11.06.2012])

[3]Vgl. (http://www.tagesspiegel.de/wirtschaft/hacker-angriffe-niemand-ist-sicher-vor-cyberkriminellen/4299524.html. [Stand:11.06.2012])

[4]Vgl. (http://www.iccwbo.org/bascap/index.html?id=40991.[Stand:11.06.2012])

Diese Bachelorarbeit befasst sich kritisch mit dem Wandel im IT-Controlling und den Chancen und Risiken des Cloud Computing. Es soll geklärt werden, ob das Cloud Computing und das daraus resultierende Outsourcing der Software nur ein vorübergehender Trend ist oder wirklich der nächste notwendige Schritt, den jedes Unternehmen gehen muss, um am internationalen Markt konkurrenzfähig zu bleiben.

1.2 Aufbau der Bachelorarbeit

Die Bachelorarbeit wird sich zuerst im zweiten Kapitel mit dem Ist-Zustand des IT-Controllings befassen. Es wird beschrieben, welche Ziele und Aufgaben das IT-Controlling im Unternehmen verfolgt, und welche Methoden es dafür anwendet. Zu den Themen, die behandelt werden, zählen zum einen die Softwareintegration im Unternehmen und zum anderen die klassischen Werkzeuge und Verfahren. Eine zukunftsorientierte Sicht bilden die Gliederungspunkte Realtime-Analytics und das Outsourcing von Software. Diese beiden Themenpunkte schließen direkt an das dritte Kapitel, dem Cloud Computing, an.

Software Outsourcing in die Cloud beschäftigt sich zuerst mit der Entstehungsgeschichte des Cloud Computings und dessen Entwicklung in der heutigen Zeit. Es werden mehrere Unternehmen vorgestellt und anhand derer gezeigt, wie vielfältig die Welt des Cloud Computing ist und welche Softwarelösungen damit realisiert werden können. Dabei wird der betriebswirtschaftliche Nutzen dieser Analyse im Vordergrund stehen und die Chancen dieser Technologie beleuchtet werden. Die zweite Hälfte des dritten Kapitels wird sich ausführlicher mit den rechtlichen Rahmenbedingungen beim Cloud Computing und speziell mit SaaS befassen.

Kapitel vier stellt einen entscheidenden Gliederungspunkt bei der Betrachtung des Systems des Cloud Computing dar. Es zeigt auf, welche Gefahren das Outsourcen von Software mit sich bringen kann. Zum einen in Hinblick auf das Anvertrauen von sensiblen Daten an einen Drittanbieter und zum anderen auf generelle Sicherheitsrisiken beim Auslagern von Daten in das World-Wide-Web. Im Anschluss an diese beiden Themenpunkte wird beschrieben, inwiefern sich auch Anbieter vor den Gefahren des Cloud Computings schützen können. Danach werden die Ergebnisse einer Analyse der Firma IBM vorgestellt. Darin werden unter anderem folgende Themen behandelt: Softwareangebot, Sicherheit und das Vertrauen der Kunden in das Unternehmen.

Zum Ende der Bachelorarbeit folgt ein Fazit, welches unter anderem die Frage klären soll, ob das Cloud Computing ein vorübergehender Trend ist, oder ein notwendiger Schritt in der Entwicklung der Wirtschaft und der Softwareindustrie.

2. Das IT-Controlling im Unternehmen

2.1 Aufgaben und Ziele des IT-Controllings

Wie der Hauptbereich Controlling selbst, ist das IT-Controlling von Unternehmen zu Unternehmen immer unterschiedlich zuzuordnen, da es abteilungs- und bereichsübergreifend agiert. Im Laufe der Jahre haben verschiedene Begriffe das IT-Controlling geprägt, welches es noch schwerer macht, eine direkte Zuordnung zu finden. Dazu zählen unter anderem die Begriffe:

- ADV-Controlling
- DV-Controlling
- EDV-Controlling
- IV-Controlling
- IT-Sourcing-Controlling
- IT-Performance-Management[5]

---

[5]Vgl.　(Gadatsch, A / Mayer, E:　Masterkurs IT-Controlling, 4. Auflage 2010, Seite 31.)

Allerdings darf nicht der Fehler gemacht werden, diesen Bereich des Controllings nur mit der Planung, Überwachung und Steuerung der IT-Instrumente im Unternehmen gleichzusetzen. " Das Thema „Informationssysteme" und die Bedeutung von IT-basierten Informationssystemen im Controlling weist in den nächsten fünf Jahren eine sehr starke Bedeutungszunahme auf und wird die Aufgabenstellung der Controllingfunktion maßgeblich verändern."[6] Vielmehr ist der Begriff des IT-Controllings in drei verschiedene Bereiche zu unterteilen. Dazu zählen die IT-Strategie, IT-Projekte und die IT im Betrieb.[7]

Die IT-Strategie hat die Aufgabe, die Unternehmensziele durch die Auswahl von verschiedenen Projekten umzusetzen. Diese Projekte sollen neue Lösungen darstellen, um die Leistung des Unternehmens zu verbessern und die Prozesse effizienter und wirtschaftlicher zu gestalten. Neue Projekte können entweder intern entwickelt oder durch externe Dienstleister in Auftrag gegeben werden. Der Bereich IT-Projekte befasst sich dann mit der konkreten Planung, Überwachung und Steuerung dieser Projekte. Dabei nimmt das IT-Controlling die Aufgaben des Projektmanagements wahr, welches wie im Projektregelkreis die Ziele Kosten, Qualität und Zeit sicherstellt. Der letzte Aufgabenbereich beschäftigt sich konkret mit der informationstechnischen Ausstattung im Betrieb. Dazu zählen unter anderem, die Einführung und Entwicklung neuer Software für den internen Gebrauch, die Einrichtung von Hardware und die Vernetzung und Wartung der IT-Infrastruktur im Unternehmen. In einem zukunftsorientierten Unternehmen spielt hier nicht nur die interne Vernetzung der Infrastruktur eine wichtige Rolle, sondern auch das Outsourcen von Softwarelösungen auf externe Serversysteme von Drittanbietern. Das Einführen eines Rechtsmanagements ist hierbei von entscheidender Bedeutung.

Das IT-Controlling stellt in diesem Bereich eine Brücke zwischen den betriebswirtschaftlichen Abteilungen im Unternehmen und der Informatik dar. Es ist wichtig, dass der Controller in der Lage ist, zwischen diesen beiden Fachgebieten zu vermitteln. Die unterschiedlichen Zielsetzungen dieser beiden Bereiche können oftmals zu Differenzen führen.

[6] (Controlling und Management, März / April, Ausgabe 2/2012, Seite 105.)

[7]Vgl. (Kesten, R / Müller, A / Schröder, H: IT-Controlling, 1. Auflage 2007, Seite 3.)

Die Schwierigkeit ist es, diese Ziele und Aufgaben im Unternehmen umzusetzen. Dafür verfügt das IT-Controlling über eine Vielfalt von operativen und strategischen Instrumenten.

2.2 Die klassischen Werkzeuge des IT-Controllings

Instrumente sind die Basis eines jeden Controlling-Bereichs. Ohne sie ist das Controlling nicht in der Lage, die angestrebten Unternehmens- und Bereichsziele zu verfolgen und zu realisieren. Das IT-Controlling bildet in diesem Fall keine Ausnahme. " Das IT-Controlling benötigt Werkzeuge und Methoden, um seine Aufgaben erfüllen zu können und dem Management die benötigten Steuerungsinformationen zur Verfügung zu stellen."[8] Um die gesetzten Ziele zu erreichen, stehen eine Vielzahl verschiedener Instrumente und Werkzeuge zur Verfügung.

Einer der elementarsten Werkzeuge ist hierbei das Total Cost of Ownership. Es bietet die Grundlage für die Beschaffungsmaßnahmen der IT im Unternehmen. Das TCO stellt sich die Frage, was für Kosten die angeschaffte Informationstechnologie verursacht und ob es sich lohnt, dieses im Unternehmen umzusetzen. Dabei müssen nicht nur die direkten, sondern auch die indirekte Kosten berücksichtigt werden. Die direkten Kosten sind diese, die auf den ersten Blick als offensichtlich erscheinen. Dazu zählen unter anderem die Kosten für die Anschaffung von Hardware, der Aufbau von Serversystem oder die Beauftragung von externen Dienstleistern. Allerdings bieten diese Vorgänge auch indirekte Kosten, die damit verbunden sind, wie z.B. die Wartung dieser Systeme, kostenpflichtige Updates von Software oder neue Vertragskonditionen mit den Servicepartnern. Diese Vernachlässigung der indirekten Kosten führt in der Praxis dazu, dass Fehlkalkulationen entstehen und sich die angeschaffte IT für das Unternehmen nicht amortisiert. "Gemäß der Gartner Group sind 53% der Gesamtkosten eines IT-Investitionsgutes nicht budgetierte

---

[8] (Gómez, Marx: IT-Controlling, 1. Auflage Erich Schmidt Verlag 2009, Seite 125.)

Kosten. Das bedeutet, dass viele Unternehmen mehr als die Hälfte der Kosten, die ihre IT-Infrastruktur verursacht, nicht gekannt oder beachtet haben."[9] Um alle Kosten in der IT erfassen zu können, ist es elementar, dass die Kostenstruktur und alle Vorgänge im IT-Controlling transparent gehalten werden. Dieses gilt insbesondere für die indirekten Kosten. Ein funktionierendes Reporting-System ist hierbei entscheidend.

Küpper bezeichnet das Reporting folgendermaßen: "Man kann untern ihm alle Personen, Einrichtungen, Regelungen, Daten und Prozesse verstehen, mit denen Berichte erstellt und weitergegeben werden. Dabei stellen Berichte unter einer übergeordneten Zielsetzung, einen Unterrichtungszweck, zusammengefasster Informationen dar."[10] Im Falle des IT-Controllings ist die übergeordnete Zielsetzung die Erhaltung der Kostentransparenz. Um dieses Ziel zu verwirklichen, müssen regelmäßig Reports über alle Vorgänge an das Management weitergeleitet werden. Diese können entweder schriftlich oder elektronisch erfolgen. Es empfiehlt sich, die Berichte so zu verfassen, dass alle wichtigen Informationen auf einen Blick gut zu erkennen sind. Eine Standardisierung der Berichte ist hierbei eine Grundvoraussetzung für ein funktionierendes Reporting-System.

Ein entscheidendes Instrument zur Durchführung der IT-Strategie, ist die Balanced Scorecard. Sie wurde Anfang der 1990er Jahre an der Harvard University entwickelt und ist über die letzten 20 Jahre zu einem komplexen und wichtigen Instrument im Controlling herangewachsen. "Die BSC ersetzt eine rein finanzielle Betrachtungsweise, vernetzt operative und strategische Maßnahmen für zukunftsorientierte Aktivitäten. Traditionelle Kennzahlen waren oft vergangenheitsorientiert. Die BSC liefert ein zukunftsorientiertes vernetztes Kennzahlensystem und koordiniert die im Unternehmen eingesetzten Führungssysteme."[11] Sie ist dabei stark strategieorientiert und kann je nach Funktionsbereich angepasst werden.

---

[9]   (Gómez, Marx: IT-Controlling, 1. Auflage 2009, Seite 137.)

[10]   (Küpper, H-U: Controlling, 4. Auflage 2005, Seite 170.)

[11]Vgl.   (Gadatsch, A / Mayer, E: Masterkurs IT-Controlling, 4. Auflage 2010, Seite 136.)

Nach Jung unterscheidet sie sich anhand von vier wesentlichen Merkmalen von den traditionellen Kennzahlensystemen wie ROI und ZVEI:

- Eine 4-Perspketiven-Sicht (Kunden, Finanzen, Geschäftsprozesse, Entwicklung)
- Ursache-Wirkungs-Zusammenhänge
- Nichtfinanzielle Kennzahlen
- Strategieorientierung[12]

Nicht nur die vorgestellten Instrumente sind entscheidend für ein erfolgreiches IT-Controlling, sondern auch der Controller selbst, der diese Prozesse steuert. Neben dem erforderlichen Wissen über die Prozesse, Vorgänge und Menschen in der Unternehmung, benötigt der Controller in der heutigen Zeit ein ausgewähltes Softwarepaket, das ihn dabei unterstützt.

2.3 Softwarelösungen für IT-Controller

Die Software spielt im Unternehmen eine wichtige Rolle bei der Aus-und Durchführung der einzelnen Prozesse. Oftmals ist eine Softwarestruktur aufgebaut, die es verhindert, dass ein effizientes Controlling betrieben wird. ERP-Systeme wie z.B. SAP sind in den meisten Firmen schon vorhanden. Mit diesen Systemen ist es zwar möglich, einige Controlling-Funktionen wahrzunehmen, aber ein Optimum kann mit einer einzelnen Softwarelösung nicht erreicht werden. Da sich die Funktionen des Controllings von Unternehmen zu Unternehmen unterscheiden, ist der Bedarf von speziellen Softwarelösungen unumgänglich. Die Investitionsscheu der Unternehmen in neue Softwarelösungen ist nicht der einzige Grund für ein ineffizientes Controlling. Auch der Bereich Controlling selbst hat seine Bedenken bei der Anschaffung neuer und moderner Software. Die Zeitschrift Controller Magazin befragte Prof. Dr. Dr. h. c. Jürgen Weber, den Direktor des Instituts für Management

---

[12]Vgl.   (Jung, H: Controlling, 3. Auflage 2011, Seite 174.)

und Controlling IMC, zu diesem Thema: "In den vielen Diskussionen, die wir nach Vorliegen der Ergebnisse mit Controllern geführt haben, kam hier immer die kontroverseste Diskussion auf. Dass die schöne, neue IT-Welt mit universell und einfachen verfügbaren Informationen den Controllern helfen kann, ihrer Transparenzfunktion noch besser gerecht zu werden, war unstrittig. Dass sie im worst case aber auch ihre Daseinsberechtigung infrage stellen könnte, war ein bislang gänzlich unbedachter Gedanke."[13] Die Angst davor, dass sich das Controlling selbst abschaffen könnte, ist groß und blockiert oftmals die Einführung neuer Systeme im Unternehmen. Das geschieht oftmals nicht ohne Grund. Es werden immer häufiger Self-Service Systeme in die Unternehmen integriert. Diese ermöglichen es dem Management selbst, Daten zu analysieren und auszuwerten. Allerdings stehen das Controlling und speziell das IT-Controlling vor einem Wandel, in dem es zwar Aufgabenbereiche an Automatismen verliert, aber durch die schnelle Veränderungen immer mehr an Verantwortung und neuen Funktionen hinzugewinnt. Im Folgenden werden zwei Softwarelösungen für das IT-Controlling vorgestellt, welches die Effizienz im Unternehmen steigern kann.

Eine Umfassende Lösung für alle Controlling-Bereiche bietet die Firma CP Corporate Planning AG. Sie hat ein umfassendes Controlling-Tool auf den Markt gebracht, welches die meisten Aufgaben des operativen und strategischen Controllings bearbeiten kann. Dazu zählen: Planungs-, Reporting- und Analysemethoden für das operative und Analysewerkzeuge für das strategische Controlling. Mehr als 3.700 Unternehmen nutzen heute diese Softwarelösung.[14] Für das IT-Controlling werden speziell die Balanced Scorecard und verschiedene Kennzahlen-Analyse-Tools unterstützt.

Ein weiteres riesiges Softwarepaket für das IT-Controlling hat die Firma HP entwickelt. Mit der IT Performance Suite bietet Hewlett Packard für fast jeden Vorgang im IT Bereich eine Softwarelösung an, die durch das Controlling genutzt werden kann. Dazu zählen strategische Planungstools für den IT-Bereich, Tools für die IT-Lebenszyklusrechnung und umfangreiche Managementprogramme.[15]

---

[13] (Controller Magazin Software-Kompendium, 3. Auflage 2012/2013 Seite 12.)

[14]Vgl. (Controller Magazin Software-Kompendium, 3. Auflage 2012/2013 Seite 40, 41.)

[15]Vgl. (http://www8.hp.com/de/de/software/enterprise-software.html#tab=2.[Stand:16.06.2012])

Anhand dieser umfangreichen Softwarepakete und der neuen technischen Möglichkeiten, die den Unternehmen zur Verfügung stehen, hat sich auch der Bereich des IT-Controllings weiterentwickelt. Einer dieser neuen Aufgabenbereiche ist die Realtime-Analytics.

2.4 Realtime Analytics – Das IT-Controlling im Wandel

Ein gutes Beispiel, um den Begriff Realtime Analytics zu erklären, bietet die Firma Google Inc. Sie führte seit Ende 2011 eine Erweiterung ihrer Analysesoftware Google Analytics ein. Bis 2011 war diese Software ein reines Analysetool, welches vergangenheitsorientierte Daten ausgewertet hat. Unternehmen, die dieses Softwareangebot von Google nutzten, konnten anhand von Statistiken und aufbereiteten Daten sehen, wie die Nutzer auf die Homepage und auf die angebotenen Dienste zugegriffen haben. " Google Analytics not only lets you measure sales and conversions, but also gives you fresh insights into how visitors use your site, how they arrived on your site, and how you can keep them coming back."[16]Mit der neu eingeführten Erweiterung ist es jetzt den Unternehmen möglich, die Zugriffe und Daten auf ihrer Homepage in Echtzeit zu verfolgen. So kann direkt nachvollzogen werden, ob zum Beispiel eine Werbeaktion anläuft, und wo man diese optimieren kann. Für Unternehmen im Online-Dienstleistungsbereich ist dies ein großer Schritt, um in Echtzeit auf die Veränderungen am Markt reagieren zu können. Aber nicht nur im Internet setzt sich dieser Trend fort. Durch die ständige technologische Weiterentwicklung im Bereich der Hard- und Software, ist es jetzt möglich, auch intern alle Daten in Echtzeit zu verfolgen.

Das IT-Controlling hat dabei die Aufgabe, dem Unternehmen diese neuen technologischen Möglichkeiten zur Verfügung zu stellen und dieses System einsatzbereit zu halten. Einer der Aufgabenbereiche des Controllings ist die Aufbereitung von Daten und die Sicherstellung dessen Verwendbarkeit. Durch die

---

[16] (http://www.google.com/analytics/features/index.html.[Stand:17.06.2012])

Realtime-Analytics ist das Controlling in der heutigen Zeit in der Lage, diese Datensätze effizient und schnell dem ganzen Unternehmen zur Bearbeitung bereitzustellen. Das Management kann somit schneller auf kritische Situation reagieren und ggf. einen Vorteil vor anderen Marktteilnehmern erhalten. Über die Wichtigkeit von Realtime-Analytics hat das Magazin Controlling & Management den CEO der Software AG Karl-Heinz Streibich interviewt: " Durch Realtime-Analytics hat man wiederum die Möglichkeit, dass man in einer noch nie da gewesenen Präzision, Geschwindigkeit und Verlässlichkeit Daten analysieren und aufbereiten kann."[17]

Die Software AG ist einer der größten Anbieter für Echtzeit Analysetools. Im Jahr 2011 wies diese einen Umsatz von 1,1 Milliarden USD aus.[18] Auf der Cebit 2012 kündigte sie an, ein System zur Echtzeitanalyse von "Big Data" bis zum Ende des Jahres zur Verfügung zu stellen.[19] Unter Big Data versteht man große Mengen von sensiblen internen Daten, die ein Unternehmen, auf Grund der Speicherintensität, nicht in der Lage ist, effizient zu analysieren und auszuwerten. Diese Echtzeitanalyse soll allerdings nicht firmenintern geschehen, sondern durch eine Programmierung mit Java in einen externen Cloud-Service ausgelagert werden.

Die Entwicklung der Auslagerung von internen Prozessen zu einem externen Dienstleister stellt nicht nur eine neue Herausforderung für das Controlling dar. Vielmehr befindet sich der klassische Controlling-Bereich im Wandel und muss in Zukunft neu definiert werden.

---

[17]   (Controlling und Management, März / April, Ausgabe 2/2012, Seite 102.)

[18]Vgl.   (Controlling und Management, März / April, Ausgabe 2/2012, Seite 102.)

[19]Vgl.   (http://www.softwareag.com/de/products/terracotta/bigmemory/overview/default.asp. [Stand:19.06.2012])

2.5 Veränderung des IT-Controllings

Nicht nur die Software AG setzte in Zukunft auf Cloud Computing basierte Lösungen. Für viele Firmen ist dies schon Realität geworden. Nach einer Studie des Bundesverbandes Informationswirtschaft, Telekommunikation und neue Medien e.v. (BITKOM) ist der Umsatz durch Cloud Computing Produkte im Jahr 2012 auf 5 Milliarden Euro gestiegen. Dies ist ein Umsatzzuwachs von 47% bezogen auf das Jahr 2011. Der größte Teil dieser Umsätze entfällt auf den Cloud Computing Bereich Software as a Service mit 1,4 Milliarden Euro. Für das Jahr 2016 wird ein Umsatzzuwachs auf 17,1 Milliarden € prognostiziert.[20] Sowie sich die IT-Struktur in der Wirtschaft verändert, so sind auch die einzelnen Unternehmen davon berührt. Ein Bereich, der davon am stärksten betroffen ist, ist das IT-Controlling. Die Zeitschrift Controlling und Management hat in diesem Zusammenhang einen Artikel veröffentlicht. Dieser beschreibt, welche Grundvoraussetzungen ein Unternehmen erfüllen muss, um für zukünftige Veränderung im IT-Bereich reaktionsfähig zu sein. "Wichtige, zu bearbeitende Herausforderungen als Basis für die Verwirklichung der Trends in der IT sind Datenintegration, Standardisierung, Rechtemanagement und Systemintegration."[21]

Die Datenintegration verfolgt das Ziel, doppelte Informationen zu löschen und Daten in Zukunft nur einmal zu speichern. Eine wichtige Aufgabe ist hierbei, dass die Qualität der vorliegenden Daten sichergestellt wird. Für diese Daten müssen auch Definitionen vorliegen, damit sie unternehmensweit einheitlich verstanden und interpretiert werden können. Dieses beschreibt im Grunde die Aufgabe der Standardisierung. Das Rechtemanagement beschäftigt sich mit der Vergabe von Identifikationsnummer für die Mitarbeiter und Systemadministratoren. Die IDs schaffen die Möglichkeit, die Zugriffe je nach Benutzer auf die Daten zu individualisieren. Dabei ist das IT-Controlling in der Lage nachzuvollziehen, wer in welchem Umfang und zu welcher Zeit etwas verändert hat. Die Authentifizierung kann entweder durch Wissen, Besitz oder biometrische Daten erfolgen. Dieses Ziel kann durch verschiedene Softwarelösungen erreicht werden. Es sollte dabei beachtet

---

[20]Vgl. (http://www.bitkom.org/de/presse/8477_71376.aspx.[Stand:19.06.2012])

[21] (Controlling und Management, März / April, Ausgabe 2/2012, Seite 107.)

werden, dass die Daten dabei nicht in unterschiedlichen Formaten zur Verfügung gestellt werden. Die Softwareindustrie hat zwar Ihre Standards, wenn es um einheitliche Dateiformate geht. Dennoch lassen sich diese nicht eins zu eins in unterschiedliche Systeme integrieren, ohne dass die Formate verändert werden. Eine unternehmensweite Systemintegration ist hierbei Pflicht.

Wenn diese Punkte erfüllt werden, sollte ein Unternehmen in der Lage sein, auf zukünftige Veränderungen im IT-Bereich schnell und flexibel reagieren zu können. Der Begriff "sollte" ist hierbei bewusst gewählt, da diese Voraussetzungen technischer Natur sind. Die IT-Controller selbst und deren Bereitschaft zum Wandeln sind hierbei auch eine Grundvoraussetzung. Die Aufgabe der zukünftigen IT-Controller wird sich von den klassischen Bereichen IT-Strategie, IT-Projekte und der IT im Betrieb langsam hinfort bewegen und mehr Service-Funktionen einnehmen. "Die IT wandelt sich derzeit in vielen Unternehmen sukzessive von einer technikzentrierten zu einer kundenorientierten Organisation."[22] Dabei muss beachtet werden, dass sich mit dem Wandel der IT auch die interne Organisation des IT-Controllings flexibler gestaltet und sich je nach Marktsituation anpassen kann. "Die IT alter Prägung hat in modernen Unternehmen keine Überlebenschance."[23] Es ist zwar noch nicht klar, in welchem Umfang und mit welcher Geschwindigkeit die IT sich in Zukunft verändern wird. Allerdings ist nach der vorliegenden Prognose der BITKOM davon auszugehen, dass diese Veränderung durch das Cloud Computing immer schneller geschehen wird.

---

[22]   (Controller Magazin, 2012/2013, Ausgabe 2. Seite 14.)

[23]   (Controller Magazin, 2012/2013, Ausgabe 2. Seite 15.)

3. Software Outsourcing in die Cloud

3.1 Entwicklung von Cloud Computing

Die neuen wirtschaftlichen Möglichkeiten, die das Cloud Computing bietet, zu erfassen, stellen nicht nur die Nachfrager, sondern auch die Anbieter selbst, vor eine schwere Aufgabe. Immer neue Cloud Angebote für unterschiedliche industrielle oder private Bereiche werden entwickelt. Die Konkurrenz auf diesem Markt ist sehr groß und es scheint unendliche Möglichkeiten für die Weiterentwicklung zu geben. "Cloud Computing birgt ein enormes Marktpotenzial, allein für den deutschen Markt wird für das Jahr 2012 ein Volumen von über 5 Mrd. € erwartet. "[24] Dabei ist das Konzept des Cloud Computings Mitte des 20. Jahrhunderts durch die nicht vorhandenen technologischen Möglichkeiten vorerst untergangen. Für die damalige Zeit war dies Science Fiction, und wurde erst 40 Jahre später wieder aufgegriffen.

3.1.1 Entstehung von Cloud Computing

Cloud Computing ist eine Umschreibung für die globale Vernetzung durch das Internet. Bildlich gesprochen, entsteht durch die scheinbar unendlichen Verbindungen eine Wolke, in der Daten ausgetauscht und gespeichert werden können. Das Konzept des Cloud Computing liegt nicht wie vermuten lässt im Zeitalter des Internets, sondern in den frühen 1960er Jahren. Der amerikanische Wissenschaftler und Informatiker John McCarthy hat mit seinem Buch, Computation may someday be organized as a public utility Read, die ersten konzeptionellen Ansätze geschaffen.[25] Im weiteren Verlauf der Geschichte haben drei Unternehmen das heutige Cloud Computing geprägt. Zu diesen Unternehmen zählen: Saleforce, Amazon und Google.

---

[24]   (http://www.bmbf.de/foerderungen/18899.php.[Stand:20.06.2012])

[25]Vgl.   (http://www.cloudtweaks.com/2011/02/a-history-of-cloud-computing/.[Stand:21.06.2012])

Die Firma Saleforce bezeichnet sich auf ihrer deutschen Firmenhomepage zu Recht
als "… Pionier für Cloud Computing im Bereich Geschäftsanwendungen."[26] Im
Jahre 1999 hat Saleforce den ersten Schritt in ein realisiertes Cloud Computing
gemacht. Der Zugriff auf die angebotene CRM-Software war für Unternehmen nur
über das Internet möglich. Die einzelnen Firmen konnten über ein spezielles
Bezahlsystem, durch monatliche Gebühren, vollen Zugriff auf die Onlineplattform
erhalten.

Amazon hingegen verfolgt ein anderes Konzept, welches aber mindestens genauso
prägend für den Markt war, wie das von Saleforce. Amazon stellte im Jahr 2002
anstelle von speziellen Softwarelösungen, ein Onlinenetzwerk für die Auslagerung
der Infrastruktur für Unternehmen bereit. Amazon Web Services wurden bis heute
kontinuierlich ausgebaut. Unternehmen sind dadurch in der Lage, ihre Daten auf
externe Server über das Internet auszulagern und diese auch online zu verarbeiten.
Des Weiteren bietet Amazon die Möglichkeit, online Datenbanken zu verwalten und
Firmeninterne und -externe Netzwerke zu erstellen.[27]

Den nächsten großen Schritt für die Entwicklung des Cloud Computing hat der
Großkonzern Google eingeleitet. Im Jahr 2006 startete die Suchmaschine seine
online Office-Suite Google Docs. Damit bekamen auch erstmals private Anwender
die Möglichkeit, professionelle Cloud-Dienste zu nutzen.[28] Über die letzten Jahre
wurden die Angebote für private Nutzer kontinuierlich erweitert. Bis zur heutigen
Zeit, wo mobile Apps aus dem Smartphone-Alltag nicht mehr wegzudenken sind.
Aber auch im geschäftlichen Bereich blieb die Entwicklung nicht stehen. Viele
große Konzerne wie z.b. Microsoft, Apple, IBM, Oracle oder HP, aber auch kleine
und mittelgroße Unternehmen zogen nach, und bieten heute ihre eigenen Cloud
Computing Lösungen in unterschiedlichen Bereichen an.

---

[26] (http://www.salesforce.com/de/company/.[Stand:21.06.2012])

[27]Vgl. (http://aws.amazon.com/de/.[Stand:22.06.2012])

[28]Vgl. (http://www.google.com/apps/intl/de/business/docs.html#utm_campaign=de&utm_source=de-ha-emea-de-bk&utm_medium=ha&utm_term=%2Bgoogle%20%2Bdocs.[Stand:22.06.2012])

3.1.2 Die Architektur des Cloud Computings

Bevor auf die verschiedenen Softwarelösungen der Unternehmen eingegangen wird, beschäftigt sich die Bachelorarbeit erst einmal mit dem Aufbau der Cloud-Angebote. "Die Betrachtung der Cloud-Architekturen kann aus zwei verschiedenen Perspektiven erfolgen – aus organisatorischer oder aus technischer Sicht."[29] Dabei unterscheidet man in der organisatorischen Sicht die Cloud-Angebote nach ihrem Zusammenwirken zwischen Anbieter und Nachfrager und in der technischen Sicht nach ihrer Funktion.

Organisatorisch lassen sich die Cloud Angebote in drei verschiedene Kategorien unterteilen:

- Public Cloud
- Private Cloud
- Hybrid Cloud

Die Public Cloud bildet hierbei die größte und umfassendste Form der Cloud-Angebote. Bei der Public Cloud erfolgen die Zugriffe vom Kunden und Servicedienstleistern nur über das Internet. Dabei stellen die Firmen online Plattformen zur Verfügung, um ihre Dienstleistungen anzubieten. Dieses geht vom privaten Anwender, über den Zugriff auf ihre E-Mail-Konten, bis hin zu großen Unternehmen, die z.B. ihre ganze ERP-Software über das Internet auslagern. Viele der vorher beschriebenen Angebote von Amazon, Google und Salesforce würden in diese Kategorie fallen. Die Nutzer profitieren durch die offene Cloud von einem schnellen Zugriff auf alle Daten in Echtzeit. Dabei können auch große Kosteneinsparungen durch diese Art des Cloud Computings erfolgen. Die Unternehmen sind nicht mehr gezwungen, komplexe Rechennetzwerke intern aufzubauen und diese zu warten. "Die IT-Infrastruktur kostet alleine 60 bis 80 Prozent des jährlichen IT-Budgets – und zwar ohne dass eine einzige Anwendung gelaufen ist... . Eine wesentliche Erkenntnis ist, dass Cloud-Angebote mindestens 50 Prozent der Jahreskosten für die Infrastruktur einsparen können. Das wäre rund ein Drittel des ganzen IT-Budgets."[30] Durch den Abbau der technischen

---

[29]   (Baun, C: Cloud Computing: Web-basierte dynamische IT-Services, 2. Auflage 2011, Seite 27.)

[30]   (Zeitschrift für Erfolgsorientierte Unternehmenssteuerung Controlling, 24. Jahrgang, Juni 2012 Seite 312 und 315.)

Komplexität nehmen auch die Störungsfälle ab. Theoretisch ist nur noch ein einfaches Serversystem mit Internetzugriff nötig, um ein komplettes Unternehmen zu steuern und zu verwalten. Da der Zugriff auf diese Cloud nur online erfolgt, ist das Risiko der Datensicherheit nur schwer einzuschätzen.

Eine sichere Art des Cloud Computings bieten die Private Clouds. Dabei erfolgt der Zugriff auf die Unternehmensdaten nicht über das offene Internet, sondern über eine gesicherte Verbindung, welche z.b. durch Firewalls oder VPN-Tunnel geschützt werden kann. Es kann entweder ein internes Netzwerk erstellt werden, bei der die Server und die Software im Unternehmen bleiben, oder der Dienstleiter stellt eine gesicherte Leitung zur ihren eigenen Servern zur Verfügung. Über diese gesicherte Leitung kann dann auf Software und Daten zugegriffen werden. Die Kostenvorteile, wie bei den Public Clouds, entstehen hierbei nur bedingt.

Eine Mischform bildet die Hybrid Cloud. Diese versucht, die Kostenvorteile mit den Sicherheitsaspekten, aus den beiden oben genannten Clouds, zu vereinigen. Die Unternehmen sind dabei darauf bedacht, die sensiblen Daten im Unternehmen zu behalten und nur einen Teil über das Internet auszulagern. Ob dieses System funktionieren kann, hängt immer selbst von Unternehmen und dessen IT-Infrastruktur ab.

Auch aus der technischen Sicht, ist die Cloud Architektur in drei verschiedene Bereiche unterteilt:

- Infrastructure as as Service
- Platform as a Service
- Software as a Service

Hier erfolgt die Eingliederung der Cloud- Anwendungen nach ihrer Funktion für das Unternehmen. Jeder dieser drei Bereiche kann, je nach Abhängigkeit vom Dienstleister und dessen Angebot, der Public-, Private-, oder Hybrid-Cloud zugeordnet werden.

Beim IaaS wird nicht, wie der Name es vermuten lässt, die komplette Infrastruktur an einen Dienstleister ausgelagert. Vielmehr bleibt diese dem Unternehmen zu einem großen Teil noch erhalten. " IaaS-Anbieter stellen Rechen-, Speicher- und

Netzwerkinfrastruktur (Firewalls, Load-Balancer etc.) zur Verfügung.
Typischerweise virtuelle Maschinen, für deren Inhalte (Software) man selbst
verantwortlich ist."[31] Dabei bleiben die Daten, die Anwendungen und die Soft- und
Middleware dem Unternehmen bewahrt.

Das PaaS-Modell geht beim Outsourcen schon einen Schritt weiter. Der
Dienstleister bietet bei PaaS-Lösungen eine Entwicklungsplattform an, welche alle
Entwicklungstools zur Verfügung stellt." Ein PaaS-Provider sollte alle benötigten
Ressourcen wie Rechenleistung, Speicher, Netzwerk, Middleware wie Message
Queuing oder Load Balancing und Datenbanken automatisch beim Deployment der
Applikation zur Verfügung stellen und diese abhängig von den Anforderungen
skalieren ("fabric").[32]

SaaS stellt die letzte und damit auch die tiefgehendste Form des Cloud Computing
dar. Bei diesem Modell werden die Software, Daten und Infrastruktur an den
Anbieter ausgelagert. Der Vorläufer dieses neuen Trends der Softwareindustrie war
das Application-Service-Providing. "Im Unterschied zum ASP, bei dem es
grundsätzlich möglich ist, dass Anwendungen für spezifische Kunden betrieben
werden, wird beim SaaS die Software als Standardprodukt des Providers ohne
umfangreiche Customizing-Optionen zur Verfügung gestellt... . Während das ASP
immer noch beim Kunden kundenindividuelle Anpassungen erforderte, mit allen
Konsequenzen für einen kostspieligen Support und eine Modifikation der lokalen
IT, ist dies beim SaaS nicht der Fall."[33] Im extremsten Fall braucht das
Unternehmen nur noch einen Internetanschluss und einen Computer, um
vollständig operieren zu können. "The SaaS vendor provides multiple tenants, one
tenant per customer, based on a shared technology stack including hardware
infrastructure, database and apllication."[34] Die Unternehmen sind natürlich nicht

---

[31] Vgl. (http://www.microsoft.com/austria/enterprise/article.aspx?Id=IaaS+PaaS+und+SaaS.
[Stand:23.06.2012])

[32] (http://www.computerwoche.de/management/cloud-computing/2504589
/index2.html. [Stand:21.06.2012])

[33] (Benlian, A / Hess, T / Buxmann, P: Software as a Service: Anbieterstrategien, Kundenbedürfnisse und
Wertschöpfungsstrukturen, 1. Auflage 2010, Seite 32.)

[34] (Benlian, A / Hess, T / Buxmann, P: Software as a Service: Anbieterstrategien, Kundenbedürfnisse und
Wertschöpfungsstrukturen, 1. Auflage 2010, Seite 17.)

gezwungen, alle ihre Anwendungen über die Cloud laufen zu lassen. Je nach
Cloud-Angebot, können auch nur einzelne Bereiche outgesourct werden.

Abb. 1: Struktur des Cloud Computing

Organisatorisch	Technisch
Public Cloud	Infrastructure as a Service
Private Cloud	Platform as a Service
Hybrid Cloud	Software as a Service

Quelle: (eigene Darstellung)

3.1.3 Chancen durch Softwareoutsourcing

Neben der Möglichkeit Kosten zu reduzieren und schnelle und unkomplizierte
Zugriffe auf Daten zu erhalten, bietet die Nutzung von Cloud Computing noch
weitere Vorteile. Durch den Abbau der technischen Komplexität nehmen auch die
Störungsfälle ab. Nach einer Studie von Steria Mummert Consulting sind ca. die
Hälfte der deutschen Unternehmen nicht auf IT-Ausfälle vorbereitet. Dabei können
sich die wirtschaftlichen Schäden auf mehrere Hunderttausend Euro pro Jahr
belaufen.[35] Ein weiterer wichtiger Aspekt ist, dass die Unternehmen nicht
gezwungen werden, ihre Kapazitäten nachzurüsten. Theoretisch werden vom
Dienstleister, je nach genutztem Dienst und Tarif, unendlich viele
Speicherkapazitäten und Rechenleistung zur Verfügung gestellt. Somit ist jedes
Unternehmen für die Zukunft gesichert. Auch kostenintensive Software-Updates
sind bei der Nutzung von Cloud Computing ausgeschlossen. Durch eine gleich
bleibende Mietgebühr für die genutzten Cloud-Anwendungen, können die Kosten
für die Nutzung der IT genau kalkuliert werden. Die Verantwortung für all diese
Vorgänge wird auf den Dienstleister ausgelagert. Ein letzter und wichtiger Vorteil,
der sich durch die Nutzung von Cloud-Diensten bietet, ist der weltweite Zugriff auf
Daten und Anwendungen. Unternehmen, die durch mehrere Standorte national und
international operieren, sind nicht mehr gezwungen, komplexe Intranet-Netzwerke

---

[35] Vgl. (http://www.steria.com/de/presse/presseinformationen/press-releases/article/
it-ausfall-unternehmen-schlecht-fuer-den-notfall-vorbereitet/.[Stand:24.06.2012])

aufzubauen. Dadurch kann im Unternehmen eine höhere Effizienz erreicht werden. Nach einem Bericht des IT-Portals Cio.de schafft es allerdings nur die Hälfte der Unternehmen, durch Cloud Computing flexibler und agiler zu agieren. Dies beruht laut Angaben auf einer aktuellen Studie der IT-Sicherheitsfirma Symantec.[36]

Damit ein Unternehmen von diesen Vorteilen profitieren kann, ist die Auswahl des richtigen Anbieters von entscheidender Bedeutung. Nur so besteht die Möglichkeit eine Effizienzsteigerung zu erreichen.

3.1.4 Cloud Angebote im Internet

Schon auf der Cebit 2012 war eines der Hauptthemen das Cloud Computing und Datensicherheit. Eine große Menge von Anbietern stellte dort ihre Softwarelösungen in der Cloud vor. Auf der weltweit größten Computerfachmesse wirkte die Anzahl von Dienstleistern und Angeboten schon recht unübersichtlich. Im Internet geht schon fast jegliche Übersicht verloren. Nach der aktuellen Studie der BITKOM wächst der Markt stetig weiter. Schon die Suche nach dem richtigen Cloud Anbieter kann die Unternehmen vor eine große Herausforderung stellen. Dieser Abschnitt wird sich mit einigen interessanten und innovativen Cloud Computing-Angeboten im geschäftlichen, sowie auch im privaten Bereich beschäftigen.

---

[36] Vgl. (http://www.cio.de/was_ist_cloud_computing/anwender/2293988/.[Stand:24.06.2012])

Abb. 2: BITKOM Studie zum Marktwachstum von Cloud Computing

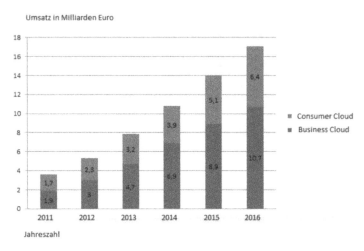

Quelle: In Anlehnung an http://www.bitkom.org/de/presse/8477_71376.aspx

Eines der größten und am einfachsten zu nutzenden Cloud Computing Angebote für Privatanwender ist Dropbox. Dropbox Inc. wurde im Jahre 2007 von 2 Studenten gegründet und entwickelte sich von da an zu einer der meist genutzten Dienstleistungen in diesem Sektor. Es wird ein spezieller Ordner in der Cloud angelegt, die sogenannte Dropbox. Alle Daten in diesem Ordner werden in Echtzeit gespeichert. Jeder Benutzer, der Zugriffsrechte besitzt, kann die Daten einsehen und drauf zugreifen. So sind die Anwender in der Lage, auf einfache Weise von überall ihre Daten mit dem Computer, Notebook oder Smartphone zu synchronisieren. Dabei finanziert sich Dropbox zum einen durch Werbung, aber auch durch kostenpflichtige Angebote. Diese stellen ein Upgrade zu den Grundfunktionen dar. Nach Angaben der Firmenhomepage benutzen Weltweit 50 Millionen Menschen diesen Service.[37]

Eine für den privaten, aber auch für den geschäftlichen Bereich interessante Anwendung, ist das Cloud Office von Microsoft. Das Office 365 hat ähnliche Funktionen wie die offline Variante von Microsoft. Die Benutzer sind in der Lage,

---

[37]Vgl.   (https://www.dropbox.com/about.[Stand:25.06.2012])

Dokumente, Datenbanken, Präsentationen und Homepages zu erstellen. Auch der Email-Client Outlook und eine Videokonferenzfunktion werden mit angeboten. Dabei werden alle Daten nicht lokal, sondern auf einem Server von Microsoft gespeichert. Auf diese Daten hat jeder Zugriff, der sich mit der entsprechenden Nutzerkennung identifiziert hat. Microsoft garantiert zwar für die Sicherheit der online gestellten Daten. Wie dies allerdings technisch geschieht, wird auf der Firmenhomepage nicht weiter beschrieben. Die Finanzierung erfolgt über ein monatliches Abo-Programm.[38]

Mehr an große Unternehmen richtet sich ein weiteres Cloud Angebot von Microsoft. Mit Windows Azure geht der Konzern den nächsten Schritt in die Virtualisierung ihrer Standard-Plattformen. Azure fällt unter die Kategorie PaaS und bieten den Unternehmen die Möglichkeit über ein Cloud-Windows alle Anwendungen auszuführen. Dabei werden nicht nur das Betriebssystem, sondern auch verschiedene Entwickler- und Programmiertools zur Verfügung gestellt. Je nach Wunsch kann man sich sein eigenes Cloud-Paket zusammenstellen und auch Rechenleistung, Netzwerke, Datenbanken und Speicherkapazität mitbuchen. Unternehmen sind allerdings nicht sofort gezwungen ein Abo abzuschließen, sondern können den Cloud-Service kostenlos 3 Monate testen.[39]

Einen Schritt weiter geht die Firma IBM. Mit ihrem Cloud-Service SmartCloud wird eine Vielzahl von Softwarelösungen für Unternehmen und öffentlichen Einrichtungen zur Verfügung gestellt. Darunter fallen IaaS-, PaaS- und SaaS-Dienstleistungen. Dabei setzt IBM auf Beratung und auf Individualisierung ihrer Angebote für den Kunden. Insbesondere die Software as a Service-Dienstleistungen versetzen den Kunden in die Lage, ihre komplette IT-Infrastruktur und das IT-Controlling an IBM auszulagern und alle Vorgänge über dessen Cloud Servern laufen zu lassen. Darunter zählen unter anderem das BPM Tool IBM Blueworks Live, Analysetools zur Sicherstellung der Transparenz im Unternehmen, Social-Business-Tools für den Cloud-Office Einsatz und der Echtzeit Datensynchronisation, Smarter Cities für die online Datenanalyse der Stadtverwaltung, ein virtuelles SCM, Einkaufs- und Verkaufstools, Marketing und

---

[38]Vgl.　(http://www.microsoft.com/de-de/office365/resources/default.aspx.[Stand:26.06.2012])

[39]Vgl.　(http://www.microsoft.com/germany/msdn/cloudumzug/default.aspx.[Stand:26.06.2012])

Marktanalyse Anwendungen und Business-Process as a Service Plattformen wie z.b. E-Commerce.[40]

Allerdings kann man sich nicht nur auf den Servicedienstleister und sein vielleicht gutes Image oder Know-How verlassen. Vor der Einführung von SaaS sollte sich das Unternehmen über die vertraglichen und rechtlichen Rahmenbedingungen einer solchen Kooperation genauestens informieren.

3.2 Rechtliche Rahmenbedingungen für SaaS

Die vertragliche Gestaltung von SaaS ist komplex und kann sich je nach Dienstleister und Angebot in einen anderen rechtlichen Rahmen bewegen. Unternehmen, die es in Erwägung ziehen, ihre Software auszulagern, müssen sich über diese Rahmenbedingungen genauestens informieren. Bei dem Erwerb von Software schließt man im Normalfall einen Kaufvertrag ab. Da es sich bei SaaS um eine Dienstleistung handelt, ordnet die Rechtsprechung dies als Mietvertrag ein. "Die Rechtsprechung und vorherrschende Ansicht in der juristischen Literatur ordnen ASP/SaaS im Kern als Mietvertrag ein, da die Software zum zeitweisen Gebrauch entgeltlich überlassen wird. Die Nebenleistungen sind hiervon grundsätzlich isoliert einzuordnen und jeder Vertragsteil ist nach den auf ihn zutreffenden Vorschriften zu beurteilen."[41] Allerdings stellt nicht jedes Angebot von SaaS ein Mietvertrag dar. Die Firma RedHat Inc., die durch ihre Open Source Software wie z.b. RedHat Linux bekannt ist, stellt seit kurzem auch ein Software as a Service-Angebot zur Verfügung.[42] Dieses wird von der Firma unentgeltlich bereitgestellt. Was für die Unternehmen erstmal als verlockende Alternative gilt, kann rechtlich schwere Konsequenzen haben. Bei diesem Fall kann juristisch nicht

[40]Vgl. (http://www.ibm.com/cloud-computing/us/en/.[Stand:27.06.2012])

[41] (http://www.itmittelstand.de/home/newsdetails/article/rechtliche-fragen-von-asp-und-saas.html.[Stand:27.06.2012])

[42]Vgl. (http://www.redhat.com/products/cloud-computing/.[Stand:27.06.2012])

mehr von einem Mietvertrag gesprochen werden, sondern von einer Leihe. " Durch den Leihvertrag wird der Verleiher einer Sache verpflichtet, dem Entleiher den Gebrauch der Sache unentgeltlich zu gestatten. Der Verleiher hat nur Vorsatz und grobe Fahrlässigkeit zu vertreten."[43] Wo bei Mietverträgen die rechtlichen Rahmenbedingungen genauestens geregelt sein müssen, versagt der Leihvertrag und im Ernstfall muss der Anbieter für Schäden, die durch die kostenfreie Nutzung von SaaS geschehen, nicht haften. Ein weiteres wichtiges Kriterium ist die Auswahl des Anbieters. Auch wenn Angebote von ausländischen Anbietern verlockend sein können, muss sich das Unternehmen über die Gefahren bewusst werden. Der Rechtsstand spielt hier eine entscheidende Rolle. Falls die Firma z.B. ihren Sitz in Frankreich hat, kann französisches Recht gelten. Weitere typische vertragliche Probleme können die Regelung zur Verfügbarkeit und zur Systemwartung sein.[44]

Die Nutzung von SaaS kann nicht offline erfolgen. Die Unternehmen sind darauf angewiesen, dass die Dienstleister ihre Server ständig zur Verfügung stellen. Diese Verfügbarkeit muss bei Vertragsabschluss sichergestellt werden." Der Vermieter hat die Mietsache dem Mieter in einem zum vertragsgemäßen Gebrauch geeigneten Zustand zu überlassen und sie während der Mietzeit in diesem Zustand zu erhalten."[45] Im Normalfall wird dabei ein gewisser Prozentsatz vorgegeben, der die Verfügbarkeit garantiert."… offenbar lässt sich die ständige Verfügbarkeit eines Systems IT-technisch nicht gewährleisten, selbst bei größter Sorgfalt; vielmehr kann nur eine prozentuale Verfügbarkeit angegeben werden, etwa 97% im Monatsdurchschnitt."[46] Die Dienstleister versuchen, diesen Prozentsatz vertraglich niedrig zu halten, um eventuelle Schadenersatzklagen vorzubeugen. Ein solcher Ausfall ist auch keine Seltenheit. Nach Berichten des IT-Fachmagazins iX sind erst kürzlich am 14. Juni 2012 die Amazon-Cloud-Dienste EC2 und EBS-Volumes

---

[43]   (Bürgerliches Gesetzbuch, Buch 2 Recht der Schuldverhältnisse, §§ 598 und 599.[Rechtsstand:2012])

[44]Vgl.   (Benlian, A / Hess, T / Buxmann, P: Software as a Service: Anbieterstrategien, Kundenbedürfnisse und Wertschöpfungsstrukturen, 1. Auflage, Seite 34)

[45]   (Bürgerliches Gesetzbuch, Buch 2 Recht der Schuldverhältnisse, §535 Absatz 1 Satz 2. [Rechtsstand 2012])

[46]   (Benlian, A / Hess, T / Buxmann, P: Software as a Service: Anbieterstrategien, Kundenbedürfnisse und Wertschöpfungsstrukturen, 1. Auflage, Seite 34.)

durch einen Stromausfall für 2 Stunden nicht verfügbar gewesen.[47] Je nach Unternehmen kann ein Ausfall der IT mit erheblichen Kosten verbunden sein. Des weiteren muss bei der vertraglichen Gestaltung auf Wartungsklauseln geachtet werden. Der Dienstleister muss verpflichtet werden, eventuelle Fehler im System schnellstens zu beheben und ggf. für die Folgen zu haften. Nach der Rechtsprechung wird hierbei klar zwischen Eigen- und Fremdverschulden differenziert.[48]Dieses sichert auch den Schutz des Dienstleister vor einer möglichen Klagewelle, stellt aber das Unternehmen wieder vor ein höheres Risiko.

Der letzte und wohl wichtigste Punkt der gesetzlichen Rahmenbedingungen ist der Datenschutz. Dieses Thema ist sehr komplex und ist ja nach Unternehmen in vertraglichen Klauseln wie der Datenschutzerklärung separat geregelt und ist von Dienstleister zu Dienstleister unterschiedlich. Generell findet aber in Deutschland das Bundesdatenschutzgesetz Anwendung und die Unternehmen müssen sich diesem unterwerfen. Zumindest sofern sie ihren rechtlichen Sitz in Deutschland haben. Sobald der Datentransfer ins Ausland erfolgt, greifen die Gesetze des Bundesdatenschutzes nicht mehr. Selbst innerhalb der EU gibt es Probleme, die Datensicherheit zu gewährleisten.[49]

Wo die Gesetze versagen, kann man nur noch auf die Seriosität und die Verschwiegenheit des Anbieters vertrauen. Hierbei müssen sich die Unternehmen fragen, in wie weit sie ihre Informationen zur Verfügung stellen und was für Konsequenzen ein Verlust oder eine Weitergabe dieser Daten für sie hat.

---

[47] Vgl. (http://www.heise.de/ix/meldung/Stromausfall-bremst-Amazons-Cloud-aus-1619519.html.[Stand:01.07.2012])

[48] Vgl. (Benlian, A / Hess, T / Buxmann, P: Software as a Service: Anbieterstrategien, Kundenbedürfnisse und Wertschöpfungsstrukturen, 1. Auflage, Seite 35.)

[49] Vgl. (Bundesdatenschutzgesetzt § 4b.[Rechtsstand:2012])

4. Sicherheit der IT-Infrastruktur und der Unternehmensstrategie

4.1 Vertrauen in den Outsourcing Partner

Ein System, das von Menschen entwickelt wurde, kann niemals perfekt sein. Besonders wenn es sich um Bereiche mit neuen Technologien handelt, bei denen die Gesetze und die Zuständigkeiten nicht eindeutig zu erkennen sind. Im Bereich des Cloud Computing gibt es tausende von Anbietern, die durch eine Vielzahl von Versprechungen ihre Leistungen hervorheben:

- "Amazon EC2 bietet Entwicklern die Tools, um ausfallsichere Anwendungen zu erstellen und diese von üblichen Fehlerszenarien zu isolieren."[50]

- "HP management software and services let you manage and secure IT infrastructure and services in the hybrid delivery model."[51]

- "Als Office 365-Kunde vertrauen Sie darauf, dass Microsoft Ihre Daten schützt. Microsoft schätzt dieses Vertrauen und engagiert sich sehr für den Schutz und die Sicherheit Ihrer Daten."[52]

Die Frage, die sich hierbei stellt, ist: In wie weit kann ein Unternehmen seinem IT-Dienstleister Vertrauen? Für die Unternehmen ist dies oftmals eine existentielle Frage. Die meisten Kosten bei der Herstellung eines neuen Produktes fallen nicht bei der Produktion oder beim Vertrieb an, sondern bei der Forschung und Entwicklung. Der Anreiz für Unternehmen, neue Technologien auf den Markt zu bringen, ist die Beanspruchung einer Monopolstellung. Dieses ist ein wichtiger Schritt, um eine freie Preisgestaltung vornehmen zu können, die entstandenen Aufwendungen wieder zu tilgen und im Endeffekt Gewinne zu erzielen. "Forschung und Entwicklung (FuE) bilden die Grundlage für eine langfristige

---

[50] (http://aws.amazon.com/de/ec2/.[Stand:04.07.2012])

[51] (http://www8.hp.com/de/de/solutions/solutions-detail.html?compURI=tcm:144-823428&pageTitle=Cloud-solutions-for-Hybrid-Delivery.[Stand:04.07.2012])

[52] (http://www.microsoft.com/de-de/office365/trust-center.aspx#fbid=plkl1uGkDsN.[Stand:04.07.2012])

Existenzsicherung eines Unternehmens."[53] Besonders bei am internationalen Markt agierenden Unternehmen sind Innovationen von entscheidender Bedeutung, um auch in Zukunft konkurrenzfähig bleiben zu können. Aber auch die Volkswirtschaft eines Landes profitiert davon, wenn Innovationen entstehen. Diese beleben den Wettbewerb und fördern die Entwicklung eines Landes. In der Bundesrepublik Deutschland kann man sich diese Innovationen durch Patente schützen lassen. Wenn es allerdings zu einer Sicherheitslücke kommt und die Informationen vor der Patentanmeldung an die Konkurrenz gelangen, ist der Schaden für das jeweilige Unternehmen nicht einzuschätzen. Die Konkurrenzunternehmen können bei der Preisgestaltung den angefallenen F&E- Kostenblock aus ihrer Preiskalkulation entfernen und die Produkte zu einem weitaus günstigeren Preis anbieten. Natürlich besteht diese Gefahr auch bei der Speicherung der Daten auf internen Servern, allerdings handelt es sich dabei um die Sicherung der eigenen Existenz. Bei der Auslagerung der Daten zu einem Großanbieter, wie z.B. Microsoft, wäre dieser Sachverhalt nur ein kalkulierbares Risiko. Das technische Risiko ist den meisten Unternehmen bewusst. Was übrig bleibt ist das Vertrauen in den Anbieter, alles Mögliche zu unternehmen um die Sicherheit der Daten zu gewährleisten.

Die Unternehmen sind dabei in einer Zwickmühle. Zum einen wollen sie konkurrenzfähig bleiben und die Vorteile, die das Cloud Computing bietet, nutzen. Zum anderen besteht aber auch die Angst, dass der Anbieter ihre Sicherheitsversprechen nicht gewährleistet. Zwei Studien der Sicherheitsfirma Symantec Inc. bestätigen genau diese Vorgänge in der Wirtschaft. Global nutzen 34% der Unternehmen Public Cloud Angebote, um sich vor IT-Ausfällen zu schützen.[54] Allerdings haben 80% der Nutzer Angst um die IT-Sicherheit und hegen starke Zweifel an das System des Cloud Computings.[55] Um die Sicherheit zu gewährleisten, muss ein Vertrauensverhältnis zwischen Unternehmen und Dienstleister geschaffen werden. Aus der Sicht der Vertrauensforschung, spielt dabei die soziale Komponente eine entscheidende Rolle. Demnach müssen die Cloud Anbieter über die rechtlichen Regelungen hinaus lernen, Verantwortung für

---

[53]   (Jung, H: Controlling, 3. Auflage 2011, Seite 453.)

[54] Vgl.   (http://www.symantec.com/de/de/about/news/release/article.jsp?prid=
20120523_01.[Stand:05.07.2012])

[55] Vgl.   (http://www.symantec.com/de/de/about/news/release/article.jsp?prid=
20111004_01.[Stand:05.07.2012])

das System zu übernehmen und dieses auch mit den Nachfragern kommunizieren.[56]
"Wo technische Sicherungsmechanismen an ihre Grenzen stoßen, müssen die
verbleibenden Lücken durch soziale Mechanismen geschlossen werden. Daher gilt
es, Gelegenheiten zu schaffen und zu nutzen, bei denen die das System tragenden
Akteure in Erscheinung treten, ihre Verantwortungsbereitschaft beweisen und auch
gegen die vorgehen, die verantwortungslos handeln... ."[57]

Auch die Transparenz der Sicherheitsvorkehrungen ist hierbei von großer
Bedeutung, um weiteres Vertrauen aufzubauen. In den meisten Fällen ist es für die
Unternehmen nur schwer zu erkennen, wie genau der Cloud-Dienstleister die
sensiblen Daten schützt.

4.2 Schutzmaßnahmen in der Cloud

Nach einer Befragung des Sicherdienstleisters Corporate Trust GmbH, gaben über
14% der 456 befragten Unternehmen an, schon einmal Opfer von Hackerangriffen
geworden zu sein.[58] Diese Zahl ist erschreckend, spiegelt aber den
Schadenszuwachs auf 61,5 Millionen Euro wider, der im Jahr 2010 durch
Cyberkriminalität verursacht wurde.[59] Umso mehr ist es verständlich, dass
Unternehmen ihre sensiblen Daten schützen wollen. Beim Cloud Computing
können sie allerdings nicht selbst den Schutz gewährleisten, sondern müssen auf
den Dienstleister vertrauen. Dieser Aspekt, nicht über die eigene Datensicherheit
bestimmen können, schreckt die Unternehmen vor der Nutzung von Cloud Diensten

[56] Vgl. (Picot, A / Hetz, U / Götz, T: Trust in IT: Wann vertrauen sie Ihr Geschäft der Internet Cloud an?, 1. Auflage Springer Verlag 2011, Seite 46.)

[57] (Picot, A / Hetz, U / Götz, T: Trust in IT: Wann vertrauen sie Ihr Geschäft der Internet Cloud an?, 1. Auflage Springer Verlag 2011, Seite 46.)

[58] Vgl. (http://de.statista.com/statistik/daten/studie/71254/umfrage/schaeden-von-denen-unternehmen-betroffen-waren/.[Stand:06.07.2012])

[59] Vgl. (http://de.statista.com/statistik/daten/studie/193207/umfrage/finanzielle-schaeden-durch-cyberkriminalitaet-in-deutschland/.[Stand:06.07.2012])

ab. Diese geschieht auch teilweise zu Recht. Viele Cloud-Dienstleister besitzen eine unübersichtliche Struktur und machen nur vage Angaben über die Sicherheit der zur Verfügung gestellten Daten. Theoretisch könnte hinter einem Cloud-Angebot alles stecken, von unsicheren Servern bis hin zu Hochsicherheitsfestungen mit Demilitarized Zones, Firewalls, Virenscannern und sicherem Authentifizierungssystem. Damit der Kunde sichere von unsicheren Anbietern unterscheiden kann, gibt es verschiedene Zertifikate und Sicherheitsnormen, die Transparenz in die Cloud bringen sollen. Aber auch hier muss man vorsichtig sein. Viele Anbieter zeigen Gütesiegel auf, die teilweise wenig bis keinen Schutz bieten. Im folgenden Abschnitt werden nur seriöse und anerkannte Zertifikate vorgestellt. Dabei kann man diese Zertifizierungen in drei Kategorien aufteilen:

- IT-Sicherheit
- Datenschutz
- Compliance

Bei der IT-Sicherheit geht es um aktive Schutzmaßnahmen, die das System vor unbefugten Zugriffen schützen. Das bislang einzige Zertifikat, das dieses gewährleisten kann, ist das ISO 27001 von der International Organisation for Standardization. Dabei erhöht das Zertifikat die Verfügbarkeit der IT-Systeme und Prozesse und reduziert die IT-Risiken.[60] Dabei sollte auch darauf geachtet werden, dass das Audit von einem vertrauenswürdigen Anbieter, wie z.B. dem TÜV, durchgeführt wurde.

Natürlich ist die Sicherheit der IT nicht gleichzusetzen mit den Bestimmungen, die das Bundesdatenschutzgesetz vorgibt. "Öffentliche und nicht-öffentliche Stellen, die selbst oder im Auftrag personenbezogene Daten erheben, verarbeiten oder nutzen, haben die technischen und organisatorischen Maßnahmen zu treffen, die erforderlich sind, um die Ausführung der Vorschriften dieses Gesetzes, insbesondere die in der Anlage zu diesem Gesetz genannten Anforderungen, zu gewährleisten. Erforderlich sind Maßnahmen nur, wenn ihr Aufwand in einem angemessenen Verhältnis zu dem angestrebten Schutzzweck steht."[61] Um diesen

[60] Vgl. (https://www.bsi.bund.de/DE/Themen/weitereThemen/ITGrundschutzZertifikat/ISO27001Zertifizierung/iso27001zertifizierung_node.html.[Stand:06.07.2012])

[61] (Bundesdatenschutzgesetz §9.[Rechtsstand:2012])

Anforderungen gerecht zu werden, müssen spezielle Audits nach §9 BDSG durchgeführt werden. Auch hier bietet wieder der TÜV[62] und auch die SCHUFA[63] seriöse Datenschutzzertifikate.

Der letzte Punkt Compliance beinhaltet das Einhalten von Gesetzen und Regelungen der Cloud-Dienstleister. Speziell dafür ist das SSAE 16 Zertifikat ausgelegt. Dieses setzt einen einheitlichen Berichtsaufbau und einheitliche Führungsrichtlinien voraus.[64] Das SSAE 16 Zertifikat hat im Juni 2011 den bisher geltenden Standard SAS 70 abgelöst. Ein weiteres Zertifikat, welches ähnliche Inhalte bietet, ist das ISAE3402.[65]

Abb. 3: Übersicht Zertifikate und Audits zum Datenschutz und Sicherheit

IT-Sicherheit	Datenschutz	Compliance
ISO 27001	Audits nach §9 BDSG	SSAE 16
EuroCloud Star Audit		ISAE 3402

Quelle: (eigene Darstellung)

Ein umfassendes Audit über IT-Sicherheit, Datenschutz und Compliance speziell für SaaS-Dienstleister, bietet das EuroCloud Star Audit vom Verband EuroCloud Deutschland_eco e.V..[66] Dieses wurde allerdings erst im Jahr 2011 auf der Cebit vorgestellt und eingeführt. Daher ist bei vielen Unternehmen noch nicht so weit verbreitet. Große Dienstleister hingegen können schon ein solches Zertifikat vorweisen.

Wenn diese Kriterien erfüllt werden und die Transparenz der IT- und Datensicherheit gewährleistet ist, hat das Unternehmen die Möglichkeit, auf seinen IT-Dienstleister zu vertrauen.

---

[62] Vgl. (http://www.tuv.com/de/deutschland/gk/consulting_informationssicherheit/strategische_informationssicherheit/datenschutz_zertifizierung_unternehmen/datenschutz_zertifizierung_unternehmen.jsp.[Stand:07.07.2012])

[63] Vgl. (https://www.datenschutzsiegel.de/.[Stand:07.07.2012])

[64] Vgl. (http://ssae16.com/SSAE16_overview.html.[Stand:07.07.2012])

[65] Vgl. (http://isae3402.com/ISAE3402_overview.html.[Stand:07.07.2012])

[66] Vgl. (http://www.eurocloud.de/ueber-uns/ziele/.[Stand:07.07.2012])

Dieses Vertrauen sollte aber auch nicht blind vor den existierenden Gefahren machen. Diese müssen für das Unternehmen ständig kalkulierbar und transparent sein, damit der vielleicht entstehende Schaden wirtschaftlich aufgefangen werden kann. Um diese Kalkulationen zu gewährleisten, sollte ein Unternehmen ein gut funktionierendes Risikomanagementsystem vorweisen. Das System hat die Aufgabe: Die bestehenden Risiken zu identifizieren, ihre Tragweite abzuschätzen und Rücklagen für mögliche Schadensfälle zu bilden.

Aber auch für die Cloud-Dienstleister selbst ist es existenziell, sich vor möglichen Ausfällen finanziell abzusichern. Bei kostenpflichtigen Cloud-Computing-Angeboten, wie z.b. SaaS, handelt es sich um Mietverträge. Der Dienstleister hat dabei die Pflicht, seine vertraglich zugesicherten Leistungen zu erfüllen. Bei SaaS wäre dies die Funktionsfähigkeit und Verfügbarkeit der Onlinedienstleistungen. Falls diese nicht gewährleistet werden können, hat der Mieter nach §536a Absatz 1 BGB das Recht auf Schadensersatz. " Ist ein Mangel im Sinne des § 536 bei Vertragsschluss vorhanden oder entsteht ein solcher Mangel später wegen eines Umstands, den der Vermieter zu vertreten hat, oder kommt der Vermieter mit der Beseitigung eines Mangels in Verzug, so kann der Mieter unbeschadet der Rechte aus § 536 Schadensersatz verlangen."[67] Je nach Unternehmen und Einbruch der Umsätze kann sich der Schaden auf mehrere hunderttausend Euro belaufen. Auch beim IT-Dienstleister besteht hier die Pflicht, ein gut funktionierendes Risikomanagement einzuführen. Durch die Vielzahl der Kunden und der schwer kalkulierbaren Schadenssummen ist es oft nicht möglich, das Risiko alleine durch die wirtschaftliche Leistung auszugleichen. Der Risikotransfer an eine Versicherung stellt hierbei eine sehr gute Option für die Dienstleister dar, um mögliche Kosten abzufangen.

---

[67] (Bürgerliches Gesetzbuch, Buch 2 Recht der Schuldverhältnisse, §536a Absatz 1. [Rechtsstand:2012])

4.3 Versicherungsschutz für Cloud-Dienstleister

Die größten Risiken, mit denen die IT-Dienstleister zu kämpfen haben, sind die Sicherstellung der Verfügbarkeit und die Funktionsfähigkeit der Cloud-Computing-Dienste. Um das Risiko hierbei zu minimieren, haben die Anbieter zwei vertragliche Möglichkeiten. Die eine ist der Vertrag mit dem Kunden selbst. Durch die vage Rechtsprechung können die Anbieter Verfügbarkeitsklauseln in den Vertrag einbauen. Diese regeln zu wie viel Prozent der Cloud Dienst im Monat erreichbar sein muss. Kunden sollten sich diese vertraglichen Regelungen genau durchlesen. Oftmals sind nur geringe Prozentsätze von 97% angegeben, welche den Anbieter vor Schadensersatzforderungen bei Systemausfall absichert. Auf den Monat gerechnet kann das fast einen ganzen Tag bedeuten, an dem das System offline gehen darf. Dieses kann für die Unternehmen einen erheblich Verlust bedeuten, welcher vor Gericht nicht geltend gemacht werden kann. Nach einer Studie des Bundesministerium für Wirtschaft und Technologie entsteht bei einem IT-Totalausfall von bis zu einem Tag, in 21,3% der Fälle ein Schaden von über 19.999€.[68] Aber auch schon bei geringeren Ausfällen kann ein erheblicher Schaden entstehen.

---

[68] Vgl. (http://de.statista.com/statistik/daten/studie/150900/umfrage/geschaetzte-schadenshoehe-im-betrieb-bei-it-ausfall-in-deutschland/.[Stand:09.07.2012])

Abb. 4: Schaden bei IT-Totalausfall im Unternehmen

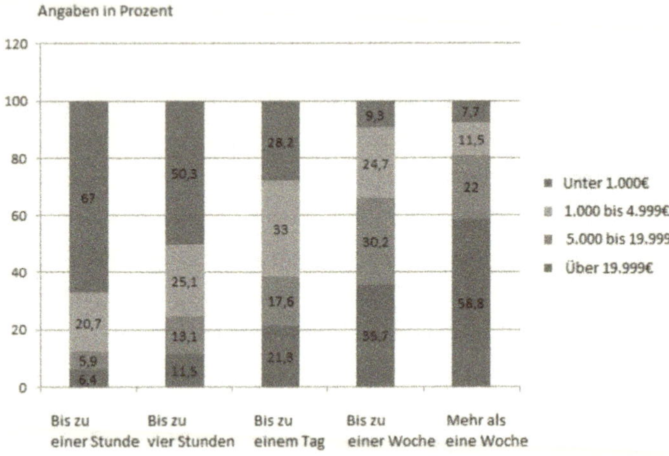

Angaben in Prozent

	Bis zu einer Stunde	Bis zu vier Stunden	Bis zu einem Tag	Bis zu einer Woche	Mehr als eine Woche
Unter 1.000€	6,4	11,5	21,8	35,7	58,8
1.000 bis 4.999€	5,9	13,1	17,6	30,2	22
5.000 bis 19.999€	20,7	25,1	33	24,7	11,5
Über 19.999€	67	50,3	28,2	9,3	7,7

Quelle: In Anlehnung an http://de.statista.com

Die andere und weitaus sichere und kundenfreundlichere Möglichkeit ist der Abschluss einer IT-Haftpflichtversicherung. Einer der größten Versicherungsportale im deutschen Bereich ist die exali GmbH. Sie bietet speziell für IT-Dienstleister einen umfassenden Schutz, welcher unter anderem auch vor Ausfällen der Cloud-Computing-Dienste abschirmt. Die Versicherungssumme kann hier bis zu 2.500.000€ betragen, falls ein Schaden an Dritten entsteht.[69] Natürlich gibt es eine Vielzahl von IT-Haftpflichtversicherungen bei verschiedenen Anbietern. Auch für die Dienstleister gilt es hier, die Verträge genau zu prüfen. Denn nicht jede IT-Haftpflichtversicherung schützt einen Cloud-Dienstleister, sondern kann im schlimmsten Fall alle Versicherungsansprüche von sich weisen. Je nach Dienstleister können die Kosten für eine Versicherung stark variieren. Ausschlaggebend hierfür ist das Risiko, welches die Versicherung bei Vertragsabschluss eingeht. Zertifikate wie die ISO 27001 oder SSAE 16 können in diesem Fall nicht nur das Vertrauen der Kunden sichern, sondern auch die Versicherungskosten erheblich senken.

---

[69] Vgl. (http://www.exali.de/it/IT-Haftpflicht/Vermoegensschadenhaftpflicht,342.php.[Stand:09.07.2012])

Aber nicht nur Zertifikate und Audits sind Indikatoren dafür, dass ein Unternehmen vertrauenswürdig ist. Erfahrung und das Image des Dienstleisters spielen eine entscheidende Rolle. Nicht nur bei der Höhe der Versicherungskosten, sondern auch bei der Auftragsvergabe durch den Kunden. Ein Unternehmen, das diese Merkmale besitzt und als Pionier im IT-Bereich gilt, ist IBM. Die Bachelorarbeit wird sich im Folgenden und im letzten Gliederungspunkt mit dem Großkonzern beschäftigen. Es soll geklärt werden, wie IBM das Vertrauen der Kunden hält und die Datensicherheit gewährleistet.

4.4 IBM – Vertrauen durch Transparenz und Sicherheit

Die Firma IBM wurde im Jahre 1911 gegründet und ist somit einer der ältesten IT-Großkonzerne weltweit.[70] "2010 erwirtschaftete IBM einen Nettoumsatz von 99,9 Milliarden US-Dollar. Der Nettogewinn von IBM belief sich auf 14,83 Milliarden US-Dollar. Weltweit hat IBM über 400.000 Mitarbeiter. IBM zählt zu den Top Unternehmen der Welt nach Marktwert. Im Juni 2011 hatte der Konzern einen Wert von 207,8 Milliarden US-Dollar."[71] Der aktuelle Erfolg baut vorwiegend auf dem Vertrauen der Kunden in den Großkonzern auf. Die Frage, die sich hier stellt: Was macht IBM anders als viele Mitkonkurrenten?

Zum einen ist die Firmenpolitik von IBM sehr transparent gehalten. Die Firma kommuniziert viel mit ihren Kunden über Veranstaltungen, Messen, Foren und der Firmenhomepage. Ein Beispiel ist hier der Datenschutz. Besonders in diesem Bereich will das Unternehmen die Transparenz wahren und zeigen, dass nicht nur gesetzliche Regelungen eingehalten werden."… zusätzlich zu diesen Anforderungen hat das Unternehmen weltweit interne Richtlinien zum Datenschutz eingeführt. Diese weltweit gültigen Richtlinien regeln, wie IBM und deren Mitarbeiter mit personenbezogenen Daten umgehen und stellen sicher, dass auch in

---

[70] Vgl. (http://www-03.ibm.com/ibm/history/history/decade_1880.html.[Stand:09.07.2012])

[71] (http://de.statista.com/themen/238/ibm/.[Stand:09.07.2012])

Ländern außerhalb der EU/EWR - den sogenannten „nicht-sicheren Drittländern" - mindestens ein Datenschutzniveau sichergestellt ist, das demjenigen in der EU/EWR entspricht."[72] Auch durch das TRUSTe-programm unterzieht sich das Unternehmen freiwillig einer strengen Kontrolle in Bezug auf die Datensicherheit. Dieses Gütesiegel stellt unter anderem sicher, dass die Datenschutzerklärungen für den Kunden leicht zu verstehen sind, keine versteckten Fallen eingebaut werden, und dass der Kunde die Kontrolle über seine Daten behält.[73]

Aber auch das Know-How, das die Firma über die letzten 100 Jahre gesammelt hat, ist hier entscheidend. IBM war maßgeblich an den technischen Innovationen der Computerindustrie beteiligt. Darunter zählen zum einen Großrechner und Server wie z.b. der 1944 entwickelte IBM ASCC. " Es war die erste Maschine, die eigenständig längere Rechenprozeduren ohne menschlichen Eingriff durchführen konnte, somit ein weiterer deutlicher Schritt hin zum echten Computer."[74] Aber auch bei der Entwicklung der Personalcomputer hat IBM maßgeblich mitgewirkt. "Am 12.8.1981 stellte IBM den ersten Personalcomputer (PC) für jedermann vor... ."[75] Dieser Forschungs- und Entwicklungsdrang hat sich bis zur heutigen Zeit fortgesetzt. Das Unternehmen bietet, wie so viele andere Unternehmen auch, die gängigen Cloud-Computing-Modelle IaaS, PaaS und SaaS an. Der große Unterschied ist, dass IBM nicht nur ein Servicedienstleister ist, sondern auch ein Produzent von High-End-Produkten im Hardwarebereich.

IBM zEnterprise basiert genau auf dieser Kombination von ausgereifter Software und Hardware. Das z steht hierbei für "zero downtime" und soll die Verfügbarkeit der Cloud Computing Angebote auf diesen Server gewährleisten. Das System setzt auf eine Verbindung zwischen einem analogen und einem digitalen Computersystem. Der Hybrid-Mainframe besitzt 96 Prozessoren, die einen jeweiligen Takt von 5,2 Gigahertz aufweisen. Durch die Software zEnterprise BladeCenter Extension und zEnterprise Unified Ressource Manager ist der Server in der Lage, bei einer drohenden Überlastung, Stromausfall oder einem

---

[72]   (http://www-05.ibm.com/de/ibm/engagement/datenschutz/index.html.[Stand:10.07.2012])

[73] Vgl.   (http://truste.com/about-TRUSTe/.[Stand:10.07.2012])

[74]   (Siegmann, F: Grundlagen der EDV, 1. Auflage Oldenbourg Verlag 1996, Seite 24.)

[75]   (Siegmann, F: Grundlagen der EDV, 1. Auflage Oldenbourg Verlag 1996, Seite 29.)

Systemfehler, die Prozesse auf einen anderen Server in Echtzeit weiterzuleiten.[76] Die Kunden würden von diesem Prozess nichts mitbekommen und könnten ohne Systemausfälle weiter die Cloud-Angebote von IBM nutzen.

Ein weiteres großes Problem ist beim Cloud Computing die Sicherheit der Daten vor externen Zugriffen. Die Private Cloud stellt hierbei eine sichere Lösung dar. Doch ist sie durch das mangelnde Know-How und Ressourcen von vielen Anbietern nicht zu realisieren. Dazu ist dieses System oftmals mit hohen Kosten verbunden und verdrängt die Einsparungseffekte des Cloud Computings. IBM bietet in diesem Bereich zwei mögliche Lösungen an. Zum einen das Einrichten eines Rechenzentrums im Unternehmen und zum anderen eine Verbindung zu den IBM-Servern über Standleitungen.

Bei der Einrichtung eines Rechenzentrums kann der Kunde selbst bestimmen, welche Server hierbei zum Einsatz kommen und welche Kapazitäten benötigt werden. IBM übernimmt dabei die komplette Installation der Hard- und Software.[77] Die Unternehmen sind auch nicht gezwungen die Server zu kaufen, sondern können diese auch zur Miete nutzen.[78] Den Zugriff und die Administrationsrechte haben nach Inbetriebnahme der Server nur das Unternehmen selbst und nicht IBM.

Bei der Einrichtung einer Standleitung hat der Kunde die Möglichkeit, durch eine direkte und gesicherte Verbindung Zugriff auf die IBM Server zu erlangen. Das System funktioniert genauso wie bei der Public Cloud, nur dass die Verbindung nicht über das offene Internet erfolgt. Die Standleitungen selbst müssen in Deutschland über die Telekom angemietet werden. Damit der Zugriff in Echtzeit auf die Cloud-Angebote erfolgen kann, garantiert die Telekom eine Bandbreite von 622 Megabits pro Sekunde.[79] Die Kosten für eine Standleitung mit einer solchen Bandbreite können allerdings mehrere Zehntausend Euro im Jahr betragen. Diese Lösung würde sich nur für größere Unternehmen lohnen.

[76] Vgl. (http://www.ibm.com/news/ch/de/2010/07/22/o671926p08814f10.html.[Stand:10.07.2012])

[77] Vgl. (http://www-935.ibm.com/services/de/de/it-services/site-und-facilities-services.html.[Stand:10.07.2012])

[78] Vgl. (http://www-935.ibm.com/services/de/de/it-services/rechenzentrum.html.[Stand:10.07.2012])

[79] Vgl. (https://www.fixschalten.de/telekomgk/index.php?wsid=rBQjIRBRfw9RBglH&c=inet&p=bccc&trackid=7e213100c42811e1979d390d04916574.[Stand:11.07.2012])

5. Fazit

Im privaten Bereich ist das Cloud Computing schon fest in die Gesellschaft integriert. Dabei kann es sich um komplexere Systeme wie online Office-Anwendungen handeln oder um einfache Systeme wie das Ausführung einer App auf dem Mobiltelefon. Alleine die Nutzung von sozialen Netzwerken oder das Abrufen von E-Mails ist schon ein Zugriff auf die Weltweite Cloud. Hierbei spielt der Sicherheitsaspekt bei den privaten Anwendern eher eine untergeordnete Rolle. Anbieter wie Google oder Facebook ändern ständig ihre AGBs und lassen die Nutzer immer transparenter werden. Trotzdem steigt die Anzahl der Kunden stetig an. Von September 2009 bis April 2012 ist die Zahl der Facebook Nutzer in Deutschland von 5 Millionen auf 25 Millionen gestiegen.[80] Anders ist es mit der Datensicherheit im geschäftlichen Bereich. Informationen sind dort nicht nur ein Mittel für Werbemaßnahmen, sondern bilden die existenzielle Grundlage der Unternehmen. Systeme wie IaaS, PaaS und SaaS stellen für die Unternehmen eine Plattform dar, um Kosten im IT-Bereich einzusparen. Firmen, die diese Systeme nutzen, können dadurch einen erheblichen Kostenvorteil vor den Mitwettbewerbern erhalten. Der Konkurrenzdruck wächst dadurch zunehmend, und viele Unternehmen sind gezwungen auf Cloud-Dienste zurück zu greifen. Oftmals halten sie nur die Sicherheitsrisiken davon ab, diesen Service in Anspruch zu nehmen. Das entscheidende Kriterium ist hierbei das Vertrauen in den IT-Dienstleister. Um dieses Vertrauen aufzubauen, müssen die Dienstleister für Transparenz und Sicherheit sorgen. Der Gesetzgeber ist hierbei mit in der Verantwortung. Er muss dafür sorgen, dass eine Solide gesetzliche Grundlage für die Datensicherheit existiert, und dass Anbieter für Missbrauch oder Fahrlässigkeit haftbar gemacht werden. Dieses Vertrauen von staatlicher Seite aufzubauen, könnte allerdings etwas schwerer werden. Am 29.06.2012 hat der Bundestag neue Melderechtsrahmengesetze beschlossen. Diese erlauben es Unternehmen, auf private Daten der Bundesbürger wie z.B. Anschrift, Konfession, Familienstand etc.

---

[80] Vgl. (http://de.statista.com/statistik/daten/studie/70189/umfrage/nutzer-von-facebook-in-deutschland-seit-2009/.[Stand:11.07.2012])

über das Melderegister zuzugreifen.[81] Aber auch internationale Gesetze verschaffen oftmals wenig Sicherheit. Sobald die nationalen Grenzen überschritten werden, sind die gesetzlichen Regelungen nicht mehr eindeutig, und man muss auf die einzelnen Dienstleister vertrauen. Eine der Firmen, die Verantwortung für ihr Handeln übernehmen, ist IBM. Das Unternehmen zeigt deutlich, dass Cloud Computing auch sicher gestaltet werden kann. Andere Anbieter sind deshalb im Zugzwang. Denn auch hier herrscht am Markt ein starker Konkurrenzkampf und nach den aktuellen Prognosen der BITKOM wird dieser weiterhin erheblich zunehmen. Zwar können Ausprägungen wie z.B. SaaS nur einen vorübergehenden Trend darstellen. Aber das System der Globalen Vernetzung wird weiter ansteigen und muss von den Unternehmen, um auch in Zukunft konkurrenzfähig zu bleiben, akzeptiert werden. Mit dem Wandeln in der IT-Landschaft werden sich auch die Aufgabenbereiche des IT-Controllings verändern. Zwar werden viele dieser Aufgabenbereiche in Automatismen übergehen, aber es werden auch neue Herausforderungen geschaffen, denen sich das IT-Controlling mit mehr Verantwortung stellen muss. Sicher ist, das Controlling wird sich auch in Zukunft nicht selber abschaffen.

---

[81] Vgl. (http://www.chip.de/news/Adressauskunft-Widerspruchsrecht-abgeschafft_56540821.html.[Stand:11.07.2012])

Literaturverzeichnis

Bücher:

Baun, C	Cloud Computing: Web-basierte dynamische IT-Services, 2. Auflage Springer Verlag 2011
Benlian, A / Hess, T / Buxmann, P	Software as a Service: Anbieterstrategien, Kundenbedürfnisse und Wertschöpfungsstrukturen, 1. Auflage Gabler Verlag 2010
Gadatsch, A / Mayer, E	Masterkurs IT-Controlling, 4. Auflage Springer Verlag 2010
Gómez, Marx	IT-Controlling, 1. Auflage Erich Schmidt Verlag 2009
Jung, H	Controlling, 3. Auflage Oldenbourg Verlag 2011
Kesten, R / Müller, A / Schröder	IT-Controlling, 1. Auflage Vahlen 2007
Küpper, H-U	Controlling, 4. Auflage Schäffer-Poeschel Verlag 2005
Picot, A / Hetz, U / Götz, T	Trust in IT: Wann vertrauen sie Ihr Geschäft der Internet Cloud an?, 1. Auflage Springer Verlag 2011
Siegmann, F	Grundlagen der EDV, 1. Auflage Oldenbourg Verlag 1996

Zeitschriften:

Controller Magazin	Ausgabe 2, 2012/2013
Controller Magazin-	
Software-Kompendium	3. Auflage 2012/2013
Controlling und Management	März / April, Ausgabe 2/2012
Zeitschrift für Erfolgsorientierte-	
Unternehmenssteuerung Controlling	24. Jahrgang, Juni 2012

Internetquellen:

URL: http://aws.amazon.com/de

URL: http://de.statista.com

URL: http://isae3402.com

URL: http://ssae16.com/

URL: http://truste.com

URL: http://www.bitkom.org

URL: http://www.chip.de

URL: http://www.cio.de

URL: http://www.cloudtweaks.com

URL: http://www.computerwoche.de

URL: http://www.eurocloud.de

URL: http://www.exali.de

URL: http://www.google.com

URL: http://www.heise.de

URL: http://www.ibm.com

URL: http://www.iccwbo.org

URL: http://www.itmittelstand.de

URL: http://www.microsoft.com

URL: http://www.redhat.com

URL: http://www.salesforce.com/de

URL: http://www.softwareag.com

URL: http://www.steria.com/de

URL: http://www.symantec.com/de

URL: http://www.tagesspiegel.de

URL: http://www.tuv.com/de

URL: http://www8.hp.com/de

URL: https://www.bsi.bund.de

URL: https://www.datenschutzsiegel.de

URL: https://www.dropbox.com

URL: https://www.fixschalten.de